給孩子的趣味中國史

秦·漢

陳麗華　主編　　　蒙陽　繪

中華教育

給孩子的趣味中國史

秦‧漢

陳麗華 主編　　　　蒙陽 繪

責任編輯　　王　玫
裝幀設計　　綠色人
排　　版　　陳美連
印　　務　　劉漢舉

出版　中華教育

香港北角英皇道 499 號北角工業大廈 1 樓 B
電話：（852）2137 2338　傳真：（852）2713 8202
電子郵件：info@chunghwabook.com.hk
網址：http://www.chunghwabook.com.hk

發行　香港聯合書刊物流有限公司

香港新界荃灣德士古道 220-248 號荃灣工業中心 16 樓
電話：（852）2150 2100　傳真：（852）2407 3062
電子郵件：info@suplogistics.com.hk

印刷　美雅印刷製本有限公司

香港觀塘榮業街 6 號海濱工業大廈 4 字樓 A 室

**版次　2019 年 9 月第 1 版第 1 次印刷
2021 年 4 月第 1 版第 2 次印刷**

©2019 2021 中華教育

規格　16 開（205mm x 170mm）

ISBN　978-988-8573-47-9

目錄

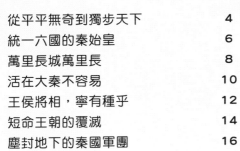

從平平無奇到獨步天下

秦國是怎樣一步步統一六國的呢？

嬴政

商鞅變法

起初，秦國並不是十分強大的國家。後來，大臣商鞅（yāng），提出了廢井田、重農桑、獎軍功、統一度量衡和建立縣制等一系列改革措施。

經過商鞅變法，秦國在政治、經濟、軍事等方面實力大大提升，成為戰國後期最強大的國家。

商鞅

秦雲紋瓦當

秦代的陶器。瓦當是一種建築材料，因上面裝飾着卷雲紋而得名。

秦王掃六合

韓國國君

抱大腿

韓國在「戰國七雄」（戰國時期最強七國）中實力最弱，只得依附於其他大國。韓國第一個被秦國所滅。

魏國曾經很強大，在馬陵之戰中敗給齊國後逐漸衰落，後來被秦國所滅。

楚國本是南方大國，但自從被秦國攻破都城後，實力大大減弱，加上多次被迫遷都，最終無力回天，被秦國所滅。

4

荊軻刺秦王

眼看着秦國要攻打燕國了，燕國的太子丹焦急萬分，就請來刺客荊軻去刺殺秦王政。荊軻帶着燕國地圖和秦王仇人的首級去見秦王。

太子丹在易水送別荊軻

到了秦王宮的大殿，荊軻的隨從秦舞陽嚇得腿直抖，荊軻只好一個人走上去獻地圖。等到地圖完全展開時，捲在裏面的匕首就露了出來。荊軻立即拿起匕首刺向秦王，卻沒有刺中。秦王處死了荊軻。

燕國派荊軻刺殺秦王失敗，秦國以此為藉口攻打燕國，燕國滅亡。

趙國是秦國統一天下的最強對手。長平之戰中敗給秦國，使趙國元氣大傷。秦國消滅燕趙殘餘勢力後，趙國徹底滅亡。

齊國是最後被秦國消滅的國家，也是唯一一個沒開戰就投降的國家。公元前221年，齊國滅亡，秦國統一六國。

統一六國的秦始皇

秦朝是中國歷史上第一個「大一統」王朝，秦朝的疆域比它之前的任何一個時期都大。然而，版圖大也帶來了一些問題，比如，該怎麼管理這麼大的國家呢？

秦始皇覺得自己比三皇五帝更偉大，就取「皇帝」二字自稱，因為他是第一個「皇帝」，所以叫「始皇帝」。

站在金字塔頂端的男人

秦始皇改革了官員制度，推行「三公九卿制」，就是把官員分成不同級別，大官管小官。秦始皇如同站在「金字塔頂端」的巨人，控制整個國家。

> 天下的土地都是朕的！

秦始皇設立郡縣，派官員管理，但全國的土地都是屬於他的。

統一成癮的始皇帝

統一六國後，秦始皇還統一了全國的文字、長度單位、重量單位、錢幣等。

統一度量衡

車同軌

書同文

活在傳說中的帝王

傳說，秦始皇鋪張浪費，動用大量人力物力修建了一座異常宏偉的「阿（ē）房（páng）宮」，宮裏面藏着各種奇珍異寶。後來，阿房宮被項羽一把火燒了。唐代詩人杜牧還專門寫了一篇《阿房宮賦》來諷刺秦朝統治者的揮霍無度。但歷史上阿房宮其實並沒有建成，秦始皇一直生活在咸陽城的咸陽宮裏。

秦始皇是第一個使用龍的形象來代表帝王的皇帝，《史記》中稱他為「祖龍」。據說秦始皇還曾夢到過龍，因為這個夢，他還派人去東海求仙問道，尋找長生不老之術，不過沒有成功。

雖然後人對秦始皇的評價不怎麼好，但不可否認的是，他開創了中國歷史上的很多「第一」，是一位富有傳奇色彩的大人物。

萬里長城萬里長

萬里長城是中國的偉大建築，也是世界建築史上的一大奇跡。春秋戰國時，各國為了防止敵人入侵，修建了一些「小長城」。秦始皇統一六國後，下令把各國的長城連起來，並進一步加固，稱為「萬里長城」。後來，長城經漢、唐、宋、明等朝代不斷「升級」，逐漸形成了今天我們所看到的萬里長城。

修築長城的步驟很複雜，每一塊磚石都耗費了大量心血。

起城樓

砌牆、堆土

夯土

為了防禦北方邊境的敵人，秦始皇派大將蒙恬率領眾人在北方修築長城，形成一道保護屏障。

長城上設有城樓、烽火台。城樓由士兵把守，烽火台主要通過一個接一個點起的烽火來傳遞情報。

用於修建秦長城的主要材料是土和石頭，後來，人們逐漸用磚頭取代了土石。

很多人家的成年男子被強行徵去修長城。後來，成年男子不夠，連老人、婦女和小孩也被強徵去修長城，好多人甚至被活活累死了！

活在大秦不容易

秦朝的法令極其嚴酷，百姓生活不易，一不小心
還可能惹禍上身。

一個讀書人引發的血案

有一個儒生當眾頂撞了秦始皇，秦始皇很生氣，後果很嚴重。他聽從
丞相李斯的建議，禁止普通百姓上學讀書。秦始皇下達了「焚書令」，
要求全國上下，除了秦國史書、官府藏書以及醫藥、種植、占卜方面
的書外，其他的一切列國史書和諸子百家經典都要燒掉。

更多的儒生開始不滿朝廷
的暴政，在背後說秦始皇
的壞話，秦始皇知道後，
派人把他們全部活埋。這
就是「焚書坑儒」。

焚書坑儒

心驚膽戰的告發

秦時的法律極其嚴酷，說錯一句話就有可能引來殺身之禍。另外，秦時還有「連坐制度」：一個人如果犯了罪而沒有被舉報，與他有關聯的人都要受牽連。很多人為了不受罰甚至互相舉報。

報告，韓非子詛咒大王！

聽說他得罪了大王……

秦始皇為了追求長生不老，招來很多術士煉長生不老藥。後來，有人從中提取出硫磺，發明了火藥。

尋找「長生不老藥」

秦始皇曾派徐福前往蓬萊仙島尋找長生不老藥，但是徐福走後再也沒有回來。有人說他去了日本，還在那裏成家立業。秦始皇最終也沒有找到長生不老藥。

11

王侯將相，寧有種乎

秦朝的暴虐統治，招來了天下人的不滿，有志之士開始奮起反抗。

一次講道理的起義

陳勝吳廣起義，又稱大澤鄉起義，是中國歷史上第一次有記錄的大規模平民起義，拉開了秦末起義的序幕。陳勝說：「王侯將相，寧有種乎」，意思是「那些封王拜相的人，難道天生就是貴族嗎？」

吳廣在魚腹裏藏了寫着「陳勝王」的紙條，作為讓眾人信服的「證物」。

陳勝、吳廣被抓去保衛邊疆。

下雨阻礙了行進，他們延誤了期限。

劉邦揮劍斬斷擋在他面前的大白蛇，預示着他要開始一段轟轟烈烈的起義生涯。

大丈夫就應該像這樣！

劉邦看到秦始皇的儀仗隊氣勢雄壯，便立志要成為像秦始皇一樣的人。

好想溜走

溜吧！溜吧！

他負責押送一批壯丁去修皇陵，很多人半路上悄悄逃跑了。

小小亭長不簡單

沛縣人劉邦一開始只是個小亭長，相當於今天的保安隊長，非常不起眼。然而看似胸無大志的劉邦，卻做了一件當時很多人都不敢做的事，這件事也預示了他將成就一番霸業。

沛縣是劉邦的家鄉，劉邦後來還回到這裏拜謝家鄉父老。

陳勝說：「如今我們延誤了期限，到了便會被處死；逃走被抓也是死。一樣是死，為國家大義而死不好嗎？」

看到「證物」，眾人更信服了。在陳勝、吳廣的帶領下，起義軍攻克了大澤鄉。

陳勝被自己人殺死，起義失敗。

劉邦放走剩下的人。

13

短命王朝的覆滅

秦朝是中國歷史上第一個封建王朝，卻也是個「短命」的朝代——僅僅維持了 14 年便宣告滅亡。

皇帝駕崩了

秦始皇最後一次出巡時，在沙丘宮去世。陰謀家趙高發動「沙丘政變」，脅迫丞相李斯篡改了秦始皇的遺詔。秦始皇原本指定大兒子公子扶蘇繼承皇位，可趙高卻假傳聖旨，讓扶蘇自殺，結果公子扶蘇真的自殺了！支持公子扶蘇的大將軍蒙恬也被囚禁起來，趙高掌握了朝政大權。

趙高脅迫李斯篡改秦始皇遺詔。

公子扶蘇自殺。

蒙恬被囚禁。

任人擺佈的秦二世

趙高擁立秦始皇的小兒子胡亥為新皇帝，也就是秦二世。無能的秦二世成了趙高的傀儡，事事聽趙高的，曾經的大秦王朝逐漸衰落。

指鹿為馬

有一天，趙高把鹿當成馬獻給秦二世。秦二世笑着說：「您弄錯了吧，這明明是鹿啊。」除了個別忠臣說了實話，其他大臣都怯懦地說那是馬。後來，趙高除掉了那幾個說實話的忠臣，從此再也沒有人敢反對他。

子嬰
秦朝的最後一任統治者

劉邦
終結秦朝的人

主動讓位的皇帝

秦朝末年，天下大亂，各地都出現了反抗秦朝暴政的起義軍，其中實力最強的當屬劉邦領導的漢軍和項羽領導的楚軍。很快，劉邦的軍隊就打到了咸陽城。

這時趙高坐不住了，他派手下逼死了秦二世，然後立公子扶蘇的兒子子嬰為秦王。

> 我不想死呀！

> 快給我自殺，我要另立秦王！

> 我是誰？我在哪？

傳國玉璽

子嬰一即位就殺了趙高，並向劉邦投降，秦朝滅亡。秦始皇「世世代代統治天下」的夢想沒過幾年就破滅了。

15

塵封地下的秦國軍團

秦始皇兵馬俑，簡稱秦兵馬俑，是中國的國家級寶貴文物，有「世界第八大奇跡」的美譽。

用人形的木俑來陪葬，真殘忍啊！

比起用活人陪葬，已經是進步了好不好！

孔子

李斯

少了一條腿，俺還能坐車上戰場！

我的左手也能使劍！

你們聊，我先走了。

秦朝時，朝廷已經廢止了殘忍的「人殉」（以活人陪葬）制度，改用陶俑陪葬。秦始皇決定建造一座規模宏大的皇陵（皇帝的墓），以彰顯威儀。

直到 1974 年，陝西的幾位農民發現了兵馬俑，兵馬俑的專業發掘工作才正式開始。

據《史記》記載，兵馬俑是秦始皇陵墓的陪葬品，修築時間長達 39 年。後來項羽攻入秦首都咸陽，大規模地破壞秦始皇陵，導致兵馬俑損毀嚴重。

目前出土了大量真人大小的兵士俑，栩栩如生的戰車、戰馬俑，以及兵器俑等。如今的秦始皇兵馬俑博物館就是在兵馬俑坑原址上建起來的。

目前已出土的兵馬俑

秦始皇兵馬俑博物館

如何修復兵馬俑

1. 給碎片分類。

2. 用內窺鏡觀察兵馬俑的內外表面。

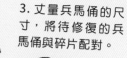

3. 丈量兵馬俑的尺寸，將待修復的兵馬俑與碎片配對。

4. 通過三維掃描，打印出缺失部分。

5. 整理，拼合。

兵馬俑的形象幾乎涵蓋了當時的所有兵種：步兵、騎兵、弩兵……這些陶俑或手持刀槍，或引弓搭箭，生動逼真的姿態和強大威嚴的氣場展現了秦人高超的製作工藝。

楚漢爭霸

秦朝末年，實力強大的項羽和劉邦爭奪天下，雙方互不相讓、勢同水火……

小霸王項羽

據說，項羽年少時和叔叔項梁一起觀看秦始皇出遊的隊伍，項羽說：「我可以取代秦始皇！」嚇得項梁馬上捂住了他的嘴。

多年後，項羽率領的楚軍果然打敗了秦朝軍隊，還一把火燒了秦始皇的咸陽宮。

項羽，江東人，楚國名將項燕之孫。項羽從小不愛讀書，但據說他武功了得，而且力大無窮，甚至能單手舉起一隻大鼎！

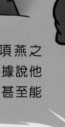

項羽兵敗後，項羽的紅顏知己虞姬拔劍自刎。

不肯過江東

隨着其他起義軍的退出，最後只剩項羽與劉邦爭奪天下。劉邦最初處於下風，後來轉敗為勝，他的漢軍包圍了項羽的楚軍，還大唱楚地民歌。聽到四面楚歌的項羽心灰意冷，認為自己無顏再見江東的家鄉父老，最終自刎於烏江江畔。

18

團隊領袖劉邦

與「武力值」極高的項羽不同，劉邦在加入爭奪天下的混戰前只是沛縣的亭長，並沒有甚麼突出的才幹。但是比起目中無人的項羽，劉邦的智慧表現在善於用人，他的團隊裏有三個了不起的人物：張良、蕭何、韓信。

「智多星」　「經營達人」　「無敵大將軍」
　張良　　　　蕭何　　　　　韓信

在家靠自己，出門靠朋友！

宴會逃生記

看似普通的劉邦居然率先攻入了咸陽城，這讓項羽很不高興。他的謀士范增建議項羽除掉劉邦。

於是，在著名的鴻門宴上，范增讓項莊上前表演劍法，想趁機暗殺劉邦。劉邦嚇得心驚膽戰，最後藉口上廁所，在張良等人的掩護下逃走了。

公元前 202 年，劉邦擊敗項羽，建立了西漢，史稱漢高祖。

同為功臣不同命

張良、蕭何、韓信，這三位都是協助漢高祖劉邦建立西漢的大功臣，可他們的命運卻大不相同。

劉邦的第一個伯樂
蕭何是劉邦的好友。劉邦決定爭奪天下，蕭何忠心追隨。

神機妙算的貴族之後
世家出身的張良是劉邦的軍師，每當劉邦遇上難題，總能靠張良的計策化險為夷。

差點錯過的軍事奇才
頗有軍事才能的韓信從項羽陣營轉到劉邦陣營，但他以為劉邦也不會重用自己，準備離開，被賞識他的蕭何追回。

開國功臣

蕭何、張良、韓信一起幫助劉邦奪取了天下，被後世稱為「漢初三傑」。

老朋友成了罪人

蕭何當上了丞相，卻遭到劉邦的懷疑，劉邦經常派人監視他的一舉一動。後來百姓控告蕭何強行低價購買民間的土地房屋，劉邦大怒，把蕭何抓了起來，但後來又把他放了。

隱居世外得善終

張良退回了劉邦賜給他的齊國土地，只要兩人相遇的留地，劉邦答應了，並封他為留侯。張良後來隱居山野，安享晚年。

大將軍韓信的悲劇

劉邦對立下赫赫戰功的韓信很不放心，剝奪了他的兵權。後來有人告發韓信謀反，蕭何便設計把韓信騙到宮中，將他處死。

晚年的劉邦

劉邦晚年變得愈來愈多疑，很多和他一起打天下的功臣都離開了他。後來還有人起兵造反，劉邦抱病親征才平定叛亂。

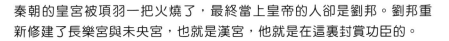

秦朝的皇宮被項羽一把火燒了，最終當上皇帝的人卻是劉邦。劉邦重新修建了長樂宮與未央宮，也就是漢宮，他就是在這裏封賞功臣的。

大漢皇位爭奪戰

劉邦建立了西漢，在選擇繼承人的問題上卻遇到了麻煩……
到底該選誰呢？

一號候選人：劉盈

劉盈是劉邦的皇后呂氏所生。除了呂后，朝廷重臣也一致支持他繼承皇位。後來劉盈即位，史稱漢惠帝。然而，漢惠帝雖是皇帝卻沒有實權——他的母親，手段狠辣的呂后將國家大權掌握在了自己手裏。

越看我們如意越順眼！

可可陪我玩啊！

二號候選人：劉如意

劉如意是戚夫人所生，也是劉邦最寵愛的小兒子。劉邦原想改立他為太子，但在眾臣的苦苦勸說下，最終放棄了這個念頭。劉邦去世後，劉如意沒了靠山，被呂后趁漢惠帝出去打獵時下毒害死了。

漢惠帝去世後，呂后立太子劉恭為帝。後來小皇帝「不聽話」，呂后乾脆把他也毒死了。

你害死了我的母親！

呂后把自家的親戚都封王封侯，呂家勢力霸佔了大漢的朝廷。

劉如意 ☒
劉肥 ☒
劉恢 ☒
劉友 ☒
劉建 ☒
⋮
劉恆 ☐

意外的贏家：劉恆

呂后為了鞏固勢力，幾乎殺光了劉邦的子孫，只剩下庶子劉恆因不受寵被封到偏遠的代地而躲過一劫。

過了幾年，呂后病逝。大臣們起兵滅了呂氏，迎接劉恆——也就是後來的漢文帝即位。

劉恆即位後努力治理國家，施行仁政，使西漢進入了一個安定、繁榮的時期。

文景之治

西漢初期，漢文帝和漢景帝通過休養生息等
政策，開創了「文景之治」的盛世景象。

文帝行仁政

秦朝時，今天建皇陵，明天修長城，百
姓們都非常勞累。漢文帝時，儘量減少
建設，減輕稅項，百姓的生活水平大大
提高。

> 要努力讓百姓
> 過上好日子。

從宮裏到宮外

> 不用去修長城，
> 可以好好種地了！

徭役和賦稅大大減輕，百姓的
負擔減少，農業得到發展。

衣服下擺
不過膝。

舊馬車

皇宮裏平時十分節儉，
杜絕鋪張浪費。

朝廷向農民發放農具。

漢文帝的陵墓中，陪葬
品只有石器、瓦器。

除了休養生息、鼓勵農耕，漢文帝還調整了秦
朝以來的法律政策，對百姓更加寬容。漢文帝
時期，百姓安居樂業，社會也更穩定、和諧。

景帝的「另一面」

漢景帝劉啟是漢文帝的兒子。劉啟還是太子時，有一次，他叔叔吳王的兒子劉賢進京，兩人一起下棋，沒想到卻發生了爭執，劉啟不小心打死了劉賢。漢文帝命人將劉賢的遺體送回家，但吳王從此對劉啟產生了恨意。

為父一定要替你報仇！

從文帝到景帝

一定要把權力牢牢抓在手中！

漢景帝更加強硬，把國家政權掌握在自己手中。

裝不下了！

國家更加富強，糧倉也更加充實。

漢景帝鼓勵養馬，提升軍事力量。

漢景帝開始採納更多學派的主張。

周亞夫

兄弟們，衝啊！

漢景帝即位後，吳王聯合七國諸侯王發動叛亂。漢景帝派大臣周亞夫鎮壓了叛亂，並趁機收回了諸侯王的權力。

25

漢武帝的宏圖偉業

漢武帝劉徹是漢文帝的孫子、漢景帝的兒子，西漢的第七位皇帝。他擴大了西漢的版圖，並且開創了西漢最鼎盛的時期。

大漢版圖恕來愈大……

漢武帝

西域都護府

為了對抗外敵、與鄰國交好，漢武帝派大臣前往西域，表達善意。公元前 60 年，朝廷設置了西域都護府。

西域都護府

罷黜百家，獨尊儒術！

董仲舒　漢武帝

只聽一種聲音

為了加強集中權力，漢武帝希望令大家的想法一致，共同維護漢朝天下。於是他採納了大臣董仲舒的建議：選擇儒家學說為正統思想。

為進一步鞏固儒家思想的正統地位，漢武帝開辦了太學，以教授儒學為主。從前只有貴族才能讀書、做官，現在少數出身貧寒的學子也可以進入官場。

設立太學

26

金屋藏嬌

相傳，劉徹幼年時，他的姑姑館陶長公主問他：「你長大以後，想不想娶我的女兒阿嬌做媳婦？」劉徹回答：「想！如果能娶阿嬌做媳婦，我就造一個金屋子，讓她住在裏面。」長公主聽了非常高興，極力促成了這樁婚事。

對敵人絕不手軟

西漢初期，為了與北方少數民族做朋友，皇室會將公主嫁給北方的首領。強硬的漢武帝拒絕這種軟弱的求和方式，他派軍隊多次北上痛擊敵人。

漢軍這麼強啦？！

大家一起打倒匈奴！

我們諸侯王的土地多，都分給子孫！

這樣分下去會不會愈來愈少？

就分到這點地，子孫都沒法分了！

推恩令

以後大家都得用官方錢幣。

獨攬財政大權

漢武帝規定煉鐵、煮鹽、釀酒等民間生意統一由中央管理，禁止諸侯國鑄錢，財政大權從此都掌握在皇帝手裏。

封地越分越少

漢武帝為了削弱諸侯王的勢力，頒佈了推恩令——規定諸侯王要將自己的封地分給子孫。這樣，諸侯王的封地越分越小，對朝廷也就構不成威脅了。

史家之絕唱

《史記》是中國歷史上第一部紀傳體通史，記錄了從上古傳說中的黃帝時代，到漢武帝太初四年共 3000 多年的歷史。作者司馬遷撰寫這部史書總共用了 14 年的時間。

司馬遷自幼在父親司馬談的教導下讀書，十歲時已讀過《尚書》《左傳》《國語》等著作。司馬談到長安擔任太史令（史官）一職後，司馬遷就留在老家，每天讀書放牧。

幾年後，少年司馬遷離開故鄉，來到長安。司馬談指示司馬遷去遊歷天下，搜集民間故事。司馬遷從長安出發，去了很多地方，還親自考察過楚漢相爭的戰場。

西漢自建立以來，一直使用秦朝的曆法。漢武帝想要重新制定曆法，便命司馬遷等人修訂漢曆。

司馬遷再次回到父親身邊，在長安做官。父親病逝前囑咐他要繼承太史令的使命，編纂出一部沒有錯漏的史書。

司馬遷為人正直，因為替投降匈奴的李陵辯解，而被處以殘忍的宮刑。

臣認為李陵只是假裝投降匈奴。

甚麼？你懷疑朕的智商？給我把他拖下去！

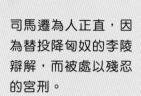

司馬遷為甚麼「自討苦吃」？
漢武帝派李陵帶兵出征，李陵和敵軍苦戰多日，遲遲等不到援兵，只得向敵軍投降。漢武帝聽信謠言，認為李陵是叛徒，司馬遷卻認為李陵只是假裝投降、等待援兵。盛怒之下的漢武帝讓司馬遷在處死、受刑等懲罰中選一個，司馬遷為了活下去，無奈選擇接受宮刑。

司馬遷沒有放棄自己的理想。他在給好友任安的信中說自己如果死了，不過像九頭牛掉了一根牛毛，沒有任何意義。他決心繼續著書，完成一部可以流傳千古的史書。

司馬遷雖然受盡折磨，但還是完成了曆法的修訂和《史記》的編著工作。《史記》是「二十四史」之首，對後世史學和文學的發展都產生了深遠的影響，被魯迅先生譽為「史家之絕唱，無韻之《離騷》」。

絲綢之路

漢武帝為了讓大家都知道漢朝的厲害，派張騫出使西域。

張騫出使西域

張騫帶領隊伍打通了漢朝通往西域的道路，後來中國與西方國家做生意，商人們主要都走這條通道。當時，中國人種桑、養蠶，生產的絲織品很精緻，是非常受西方國家歡迎的商品。所以這條陸上通道被稱作「絲綢之路」。

張騫
西漢傑出外交家，絲綢之路的開拓者

番兜城

藍氏城

大秦　　　　　　安息

貴山城

大宛

終於回家了！

第一次出使，張騫率領一百多人從長安出發，不料中途碰上敵軍，全部被抓獲。10 年後，趁敵人鬆懈，張騫才逃了出來。歷經艱難險阻，張騫終於回到西漢，此時他已離家 13 年之久，當初一百多人的隊伍僅剩兩人。

剛從長安來的急件！

大司馬的信要先送出去！

張騫還為漢武帝帶回了傳說中的「汗血寶馬」——大宛良駒。

不僅有絲綢

絲綢之路上不僅有絲綢，還有葡萄、石榴、核桃、胡蘿蔔等，它們都是通過絲綢之路傳入中國的！中國的金銀器、銅鏡等也通過這條商路傳入了西方國家。

駱駝是絲綢之路上的重要交通工具，載着張騫等人穿過荒原野地，最終抵達目的地。

玉門關

長安

敦煌

漢

絲綢之路上的「郵局」

絲綢之路上設立了大大小小的驛站，驛站的官員會按發信人的官職高低、事件的輕重緩急將信件分出等級，如果是緊急公務，就派最好的馬和「郵遞員」將信件儘快送出。

保家衛國的名將

人才濟濟的西漢出了很多名將，僅漢武帝時期就有好幾位名揚四海的將軍。

霍去病

關門玉

驃騎將軍霍去病

霍去病 18 歲時就被漢武帝任命為校尉，帶兵隨衞青出征，一戰成名，被武帝封為冠軍侯。他 22 歲時在狼居胥山大破外敵。然而兩年後，年僅 24 歲的霍去病英年早逝。

大將軍衞青

霍去病的舅舅衞青曾是一名家奴，他在姐姐衞子夫入宮後擺脫了奴僕的身份。衞青先後多次出征，立下很多戰功，被封為大將軍。

據說衞青曾經給漢武帝養過馬。

衞青

飛陽

「封狼居胥」

「封狼居胥」是一個著名的典故。霍去病大敗敵軍後登上狼居胥山，在那裏築壇祭天。後來「封狼居胥」成為歷代武將的最高榮譽之一。

飛將軍李廣

李廣是漢武帝時期的名將，人稱「飛將軍」。據說李廣射箭百發百中，他曾在一天晚上將一塊石頭誤認成老虎並一箭射去，結果第二天發現箭頭深深地嵌在了石頭裏。

李廣

李廣難封

李廣立下了很多戰功，卻一生都沒能封爵。李廣最後一次出征，因迷失道路未能參戰，最後羞愧自殺。

漢武帝的繼承者們

衛子夫
漢武帝的夫人，太子劉據的母親，取代阿嬌成為皇后。她在後來的巫蠱之禍中受到牽連，被迫自殺。

衛子夫的家族為漢武帝建功立業，在朝廷擁有很大的影響力，曾是太子劉據的有力支持者。

太子劉據含冤而死，漢武帝決定傳位給小兒子劉弗陵。他擔心將來劉弗陵的生母鈎弋（yì）夫人奪權，就提前處死了鈎弋夫人。

> 為了我的清白我要以死明志！ — 劉據

> 是我錯怪太子了！ — 漢武帝

> 夫人，該上路了！

司馬相如　阿嬌　鈎弋夫人　劉弗陵

阿嬌任性好妒，武帝不讓她當皇后，要她搬到長門宮。她請大才子司馬相如寫了一篇《長門賦》。

巫蠱人偶

被陷害的太子
太子劉據在巫蠱之禍中遭人陷害，為了自證清白只好起兵反抗。漢武帝誤以為太子要謀反，馬上發兵鎮壓，太子因拒絕被捕而自殺。

沒用的廢物，必須廢了！

霍光

劉賀

劉詢

皇后許平君

怎麼能將國家重任交給那些儒生！

漢元帝

漢元帝
漢元帝是漢宣帝劉詢與皇后許平君的兒子，性格優柔寡斷，是非不分。

漢成帝
漢元帝將皇位傳給了他和皇后王政君的兒子，也就是漢成帝。漢成帝即位後沉溺於酒色，導致大權幾乎全部被外戚王氏一族掌握，為王莽篡漢埋下了禍根。

年僅8歲的劉弗陵即位，即漢昭帝，由大將軍霍光協助處理朝政。劉弗陵英年早逝，且沒有兒子，宗親劉賀成了新的皇帝。但不久後，霍光說劉賀品行不好，將他廢黜。

流落民間的皇帝

霍光找到太子劉據的孫子劉詢，並立他為帝，即漢宣帝。劉詢原名劉病已，在民間長大的他深知生活不易過，當皇帝後非常關心百姓，又不許官員偷懶，令西漢出現「孝宣中興」的盛世。

外戚變皇帝

外戚，指皇帝的母親、妻子家族的親戚。皇帝因為年幼或弱勢，難以處理政務，外戚於是乘機干政，甚至篡權，這種局面在西漢並不少見。

外戚專政

漢成帝喜歡玩樂，不太管理國家，太后王政君一族人便趁機奪取權力。

步步高升

王莽是太后王政君的姪子。大將軍王鳳病了，作為姪子的王莽在他身邊照顧了幾個月，每次餵藥前還要先嘗一下。王鳳非常感動，臨死前舉薦了王莽，於是王莽順利當上了大官。幾年內，王莽連續晉升，成為侯爵。

皇帝不中用，以後天下都是我們王家的。

真是個孝順的好孩子，我要把他推薦給朝廷。

嘿嘿！上當了！

手握大權

王莽把女兒嫁給漢平帝，因此成了國丈爺。後來漢平帝說了幾句抱怨的話，王莽竟毒死了他！漢平帝沒有兒子，王莽便從皇室宗親裏找了一個兩歲的孩子立為太子，還自稱「假皇帝」。

自立為帝

當「假皇帝」還不過癮，王莽決定自己當皇帝！他派人去太皇太后王政君那裏索要代表皇權的玉璽，太皇太后氣得把玉璽摔在了地上。不久後，王莽正式稱帝，改國號為新，都城仍在長安。

王莽改制

王莽當了皇帝後，覺得國家問題很多，必須進行改革，便向古時候的周朝制度學習，「托古改制」。可惜，改制造成更多問題，令更多人不滿。

綠林軍起義

天下大亂，綠林山一代的豪傑紛紛揭竿而起，組成「綠林軍」發動起義。幾年後，綠林軍攻入長安，新朝滅亡。後來綠林軍遭到赤眉軍和劉秀大軍兩路夾擊，最後還是失敗了。

力挽狂瀾的光武帝

漢室衰敗之際，不太起眼的劉秀「從天而降」，帶領漢室渡過了危難，光復了漢室。他是怎麼做到的呢？

光武帝的改革措施

那兩塊地我都要！

遵命！

收復失地

貴族變平民
劉秀是漢高祖劉邦的九世孫，由於祖輩遵行「推恩令」，到了他父親這一輩，就只是一個小小的縣令了。後來父親去世，9歲的劉秀成了孤兒，被叔父收養。

劉秀

宛城起兵
幾年後天下大亂，劉秀經過深思熟慮，打着恢復漢室的旗號，從宛城起兵。

陰麗華
光武帝劉秀的皇后，劉秀曾說過：「娶妻當得陰麗華。」

劉秀復漢
綠林、赤眉兩軍陷入混戰，劉秀趁機壯大自己的勢力，建立了東漢，史稱光武帝。

退休後好好陪家人吧。

精簡官員結構，優待功臣

休養生息，大力發展經濟

支持儒學，推崇氣節

光武中興

劉秀在位期間工作勤勉，取得了相當不錯的政績。他讓衰落的漢朝重現往日的輝煌，史稱「光武中興」。

這有甚麼，我活了421歲！

我活了289歲呢！是老壽星！

漢朝是最「長壽」的朝代，比唐朝還多存續了100多年。

雲台二十八將

「雲台二十八將」是指劉秀手下幫助他一統天下、重興漢室的將士中，功勞最大、能力最強的28員大將。

閣臺

名存實亡的東漢

東漢後期，外戚與宦官忙着爭權奪利，豪門地主又吞并了大片土地，導致朝廷內部極度腐敗，民間百姓生活艱辛。再加上自然災害頻發，大量農民流離失所，忍無可忍的百姓再次吹響了起義的號角，轟轟烈烈的黃巾起義爆發了。

天下再次陷入混亂

東漢中後期，皇帝的權力愈來愈小，外戚和宦官爭權奪利，國家再次陷入了混亂。各地爆發起義，諸侯也紛紛起兵爭奪領土。

外戚和宦官忙着爭權。

功臣被冤枉

當時的皇帝漢靈帝派將領盧植前去平亂。盧植在前線不斷取得勝利。然而，盧植得罪了前來視察的一個宦官，宦官向漢靈帝進讒言，導致盧植被捉拿回京城問罪。

遍地黃巾起

鉅鹿人張角聯合眾人，以「蒼天已死，黃天當立，歲在甲子，天下大吉」為口號發動起義。起義軍頭上綁着黃巾為記號，因此被稱為黃巾軍。

黃巾軍的內訌與失敗

黃巾軍領袖張角病逝後，內部分成了兩派，先後被剿滅。黃巾起義以失敗告終。

光榮榜

繼承了光榮傳統的東漢皇帝

光武帝
劉秀

漢明帝
劉莊

漢章帝
劉炟

黑榜

加速東漢滅亡的皇帝

漢桓帝
劉志

漢靈帝
劉宏

誰聽話就讓誰當皇帝。

董卓

漢獻帝

漢少帝

比皇帝的權力都大

董卓是東漢末年的軍閥、權臣，他佔領了京城，又廢了漢靈帝的長子漢少帝，改立漢靈帝的次子為漢獻帝，並藉機掌控朝政，東漢從此名存實亡。

黃巾起義雖然失敗了，但它徹底動搖了東漢王朝的統治。

璀璨的文藝之星

兩漢的文化藝術十分繁榮，對後世有着深遠的影響。

畫像磚
畫像磚起源於戰國時期，興盛於兩漢。多在墓室中構成壁畫，有的則用在宮殿建築上。

《江南》是漢樂府的作品之一。

漢樂府
漢樂府是漢朝的一個機構，主要採集民間歌謠來配樂，用來在祭祀或宴會時演奏。

飛燕能為掌上舞
趙飛燕是漢成帝的皇后，美貌驚人且能歌善舞，據說她能在手掌上跳舞！

王昭君

趙飛燕

蔡文姬

昭君出塞
王昭君是中國古代四大美女之一，擅長彈琵琶。為了西漢的和平，王昭君願意嫁到匈奴。

蔡文姬的琴藝
蔡文姬是漢末文壇領袖蔡邕（yōng）的女兒，也是著名的音樂家，留下了名作《胡笳（jiā）十八拍》。

揚雄

班固

張衡

卓文君

司馬相如

酒

漢賦四大家

漢賦四大家指司馬相如、揚雄、班固、張衡。這四人都有多篇代表性的名作傳世，在當時及後世文壇影響深遠。

司馬相如和卓文君

西漢才子司馬相如與才女卓文君一見鍾情。司馬相如貧窮時，卓文君也沒有嫌棄他，還曾和他一起在酒館賣酒。

相和歌與鼓吹樂

相和歌是主要在宴飲、娛樂等場合進行的歌舞表演，其特點是歌者自擊節鼓與伴奏的管弦樂器相應和。鼓吹樂是以打擊樂器、管弦樂器等合奏的一種音樂形式，在中國音樂史上佔有一席之地。

了不起的發明創造

兩漢時期人才輩出，科技迅速發展，出現了很多了不起的發明。

張仲景

傳說，張仲景發明了餃子。有一種以羊肉和驅寒藥物為餡的餃子被稱作「祛寒嬌耳湯」，冬至吃了它就不會凍掉耳朵。

紙就是這麼造出來的！

「醫聖」張仲景

東漢著名醫學家張仲景，被後人尊稱為「醫聖」。張仲景廣泛收集醫方，完成了傳世巨著《傷寒雜病論》。

蔡倫改良造紙術

以前人們在石頭、甲骨、竹簡等硬物上刻字，不僅費力還不利於流傳。東漢的蔡倫總結前人經驗，改進了造紙工藝，令紙變得便宜，讓大家都能用得起紙。經他改良的「造紙術」被列為中國古代四大發明之一。

切麻

春搗

浸灰水

洗滌

蒸煮

這裏還記載了著名的勾股定理喲！

成書於漢朝的《九章算術》是中國古代第一部數學專著。

張衡與天文學

張衡是東漢著名的天文學家，他發明的渾天儀和地動儀對後世影響深遠。

揭紙

曬紙

打漿

抄紙

漢朝的煉鐵技術十分先進，各種農具、工具和兵器多為鐵器。

世界大事記

這一時期，世界上的其他地方又是甚麼樣子呢？

1. 公元前 4～前 3 世紀，瑪雅人已掌握了數字「0」的概念。

2. 公元前 287 年，阿基米德出生在意大利，後來他發現了槓桿原理、浮力原理。

6. 公元前 73～前 71 年，斯巴達克斯起義爆發。這是古羅馬規模最大的一次起義，在世界歷史上具有重要意義。

7. 公元前 49 年，凱撒佔領羅馬，集大權於一身，實行獨裁統治。

3. 公元前 264～前 146 年，古羅馬與古迦太基為爭奪地中海西部的統治權，先後進行了 3 次戰爭。

4. 公元前 150 年，亞力山德羅斯創作了雕塑「米洛的維納斯」。這座舉世無雙的大理石雕像現藏於法國巴黎羅浮宮博物館。

5. 公元前 150 年，羅馬人征服了希臘。

8. 公元前 27 年，屋大維在古羅馬建立元首制，這被認為是羅馬帝國的開端。

9. 公元初年，東非阿克蘇姆奴隸制國家興起。古代地中海地區同印度之間通過紅海進行的貿易漸趨繁榮，這一因素進一步推動了阿克蘇姆王國的崛起。

10. 公元 1 世紀，基督教起源於羅馬帝國統治下的巴勒斯坦。

秦·漢 大事年表

公元前 221 年，秦王政統一六國，建立秦朝，稱始皇帝。

公元前 210 年，秦始皇去世，趙高偽造遺詔，立胡亥為秦二世。

公元前 209 年，陳勝、吳廣起義。

公元前 206 年，楚漢之爭拉開序幕。

公元前 202 年，劉邦的軍隊包圍項羽，項羽在烏江自刎。同年，劉邦稱帝，建立西漢。

公元 8 年，王莽稱帝，改國號為新。

公元 25 年，劉秀稱帝，建立東漢。

公元 184 年，黃巾起義爆發。

公元 220 年，曹丕稱帝，改國號為「魏」，東漢滅亡。

注：本書歷代紀元以《現代漢語詞典》（第 7 版）為參考依據。